Was ist Nationalsozialismus?

Muster einer Antwort
in Anlehnung an **Kants**

Was ist Aufklärung?

Textcollage Klaus Wilhelm

Verlag Wrehde

Verlag Wrehde 2001
Braunschweig

Herstellung: Books in Demand GmbH, Norderstedt
ISBN–Nr. 3–8311–1919–8

Vorbemerkung

Wenn wir mit einem Fremden über bestimmte Themen sprechen, dauert es gewöhnlich nicht lange, bis wir besonders bei heiklen Themen wissen, woher der Wind weht, d.h. mit welchem *Vorverständnis* der andere an das Thema herangeht. Wir können uns dann meist schon denken, was er zu anderen Dingen zu sagen hätte. Solch eine Person wird uns schnell langweilig.

In jedem Fall ist es angebracht vor einer Auseinandersetzung, auf die man sich einlassen möchte, über das jeweilige Vorverständnis zu sprechen; denn davon hängt schließlich das Niveau der Auseinandersetzung ab, d.h. ob man überhaupt etwas Bedenkenswertes zur Sache zu sagen hat. Dadurch, daß im Titel des Buches neben der Frage "Was ist Nationalsozialismus?" Hinweise auf Kant und seine Schrift "Was ist Aufklärung?" gegeben werden, deutet der Verfasser, fairerweise wie er meint, darauf hin, von woher er in verschiedenen Durchblicken Einblicke in die Sache National–sozialismus zu gewinnen versucht.

Vielleicht könnte bei dieser Aufgabe aber auch zugleich der Begriff der Aufklärung wieder *fragwürdiger* werden und sich aus der realitäts–fremden "Verklärung" befreien lassen, in die er, wodurch auch immer, geraten ist.

Wenn man sich zu erklären versucht, warum Hitler als Person bis Kriegsende bei weiten Teilen der Bevölkerung in großem Ansehen stand, darf man nicht vergessen, daß Hitler in der Art, wie er sich dem Volk darbot und dessen Herzen eroberte, einem modernen Idealbild von Menschen entsprach, dessen Überzeugungs- oder Verführungskraft heute noch ungebrochen, ja vielleicht noch stärker geworden ist. Hitler als der Mensch, der nicht zuerst an sich dachte, der all seine Kräfte für andere, zum Wohle des Volkes einsetzte und verbrauchte. Hitler als der Mensch, der den Verführungen der Macht (Bereicherung, Korruption) nicht erlag, der sich seine Reinheit, bei aller moralischen Verkommenheit seiner engsten Umgebung, erhielt, der nicht rauchte und trank und der keine Frauengeschichten hatte und Vegetarier war. Hier meinte das Volk jemanden vor sich zu haben, dessen absolute Unbeflecktheit ihm die moralische Berechtigung gab, absolut über alle Menschen zu urteilen, die sich bei ihren Berührungen mit der Welt vielfach beschmutzt hatten. Es stand ein Mensch an der Spitze, der führen durfte, weil er trotz aller Macht – so empfand man es – die Solidarität mit dem Volke in der gemeinsamen Unschuld bewahrt hatte.

Die "Münchner Neuesten Nachrichten" meldeten am 23. 2. 1943 die Verurteilung und Hinrichtung der Geschwister Scholl. Sie brachten dabei ganz richtig auf einen Nenner, was für den Nationalsozialismus und seine Mitläufer der Stein des Anstoßes, das Unfaßbare, das schlechthin Böse war: "Die Verurteilten hatten sich als *charakteristische Einzelgänger* .... an der Wehrkraft und dem Widerstandsgeist des deutschen Volkes in schamloser Weise vergangen". Im ersten Flugblatt der "Weißen Rose" hieß es entsprechend: "Wenn die Deutschen so jeder *Individualität bar* , schon so sehr zur *geistlosen und feigen Masse geworden sind,* dann, ja dann verdienen sie den Untergang."

Bis zum Herrschaftsantritt der Nationalsozialisten lebten in weiten Bereichen der deutschen Gesellschaft Juden und Christen durchaus in Eintracht miteinander. Christen hatten Juden zu ihren Nächsten und waren mit ihnen in der Konkretheit alltäglicher Existenz verbunden. Wie konnte es möglich sein, warum ließen die einzelnen Christen es zu, daß ihre jeweils Nächsten in die Anonymität einer ungewissen, bedrohlichen Zukunft entschwanden?

Diese Ausgliederung der Nächsten, Einzelnen wird besiegelt, wenn man, in welchen Denkmälern auch immer, an das Kollektivschicksal der Juden erinnert. Sollte es stattdessen nicht darum gehen, wenigstens den bitteren Versuch zu unternehmen, die Einzelschicksale derer, die einmal die Nächsten unserer Väter waren, aus der Megalomanie des Holocaustgeschäfts herauszuholen, und sich damit auch dem eigentlichen Versagen vieler Deutscher im Dritten Reich zu stellen?

Jesus Worte am Kreuz: "Herr, vergib ihnen, denn sie wissen nicht, was sie tun", könnte man so auslegen, daß man sagte: sie sind schuldig und bedürfen der Vergebung, weil sie das, was sie tun, ohne Wissen um die Bedeutung dieses Tuns verrichten. Sie handeln in der Gedankenlosigkeit, tun, ohne selbst zu urteilen, das, was die in der Gesellschaft etablierten Normen vorschreiben.

Nach einer nicht ins N. T. aufgenommenen Quelle (Codex Bezae zu Lk. 6,5) sagt Jesus einem Menschen, der das Sabbatgebot verletzt, indem er Ähren ausreißt: "Wenn du weißt, was du tust, ist alles in Ordnung". Jesus sieht hier ein Handeln allein dadurch als gerechtfertigt an, daß der Handelnde, der Einzelne es in bewußter Entscheidung vollzieht.

Nach Ortega y Gasset, dem spanischen Philosophen, der weder mit der spanischen Republik noch mit der Diktatur zurecht kam, ist das, was in diesem Jahrhundert geschah und geschieht "Aufstand der Massen" ("Rebelión de las masas"). Was sind nun diese Massen, wer spricht bei diesen Massen, wer spricht für diese Massen?

Die Masse ist *niemand* und sie wird als solche von skrupellosen Einzelnen ihrem Wesen gemäß als "Stimmvieh" und "Herdenvieh" behandelt. Sie wird hin und her geschoben und hat ihre Bedeutung als Machtpotential, wenn sie z. B. im Dienste bestimmter Interessen den "Druck der Straße" repräsentiert. Da treten dann Einzelne angeekelt ihren Rückzug aus der Masse an und behaupten, daß ihre Sache dort nicht verhandelt werde. Es gelingt ihnen dann vielleicht, sich von den "Tumulten" der Masse fernzuhalten und zu überleben. (" Wer spricht von Siegen, Überstehen ist alles", sagt Rilke.)

Wo aber sind (waren) die Einzelnen, die durch die Stimme ihres Gewissens genötigt werden (wurden), angesichts der blind vorgehenden Masse unerschrocken auf den Einzelnen in ihr zuzugehen und ihn anzusprechen?

Die Geschichte des Widerstandes gegen Hitler ist auch die Geschichte dieser Einzelnen. Sie fordern kein Mitleid und keine Schuld- verrechnung, können aber Vorbild sein und fordern so die Übernahme der von jedem einzelnen Menschen zu leistenden Rechenschaftsabgabe für sein Tun.

Hitler konnte sich wie viele Teilnehmer am 1. Weltkrieg nicht damit abfinden, daß dieser für Deutschland mit einer Niederlage endete. Man erfand die Legende, daß bestimmte Politiker der Front in den Rücken gefallen seien. Für Hitler als Reichskanzler und Führer konnte es deshalb nicht darum gehen, fatale Ungerechtigkeiten des Friedensvertrages (Waffenstillstandsabkommen) von Versailles auszubügeln, sondern innen- und außenpolitisch *Rache* zu nehmen an den "Novemberverrätern" und an den Alliierten, die sich einen Sieg anmaßten.

Bei der Rache nimmt man nicht nur die Tatsachen, die durch eine bestimmte Handlung geschaffen wurden, nicht hin, sondern man versucht auch die Täter zu bestrafen. Die Strafe muß dabei maßlos ausfallen, weil die Tatsachen als etwas definiert werden, was nicht hätte sein dürfen. Die "Unmöglichkeit", die "Undenkbarkeit" der Tat stellt somit auch die Existenz des Täters in Frage, der seine Untat ja gar nicht verantworten kann. Er ist von vornherein schuldig, verurteilungs- und vernichtungswürdig und somit der Willkür bzw. der Gnade des Rachenehmenden ausgeliefert.

Bei der Rache geht es um eine Verrechnung, um die definitive Abrechnung (Endlösung), um einen absolut gerechten Zustand wiederherstellen zu können, der angeblich durch vereinzelte Vertreter des Bösen mutwillig gestört wurde.

Im "Zarathustras" Nietzsches findet sich folgende Definition: "Rache ist des Geistes Widerwille gegen die Zeit und ihr 'es war' ". Leicht zu verstehen die Abneigung des Geistes dagegen, daß "alles den Bach runtergeht". Wer sieht das schon gerne und verschließt nicht lieber die Augen?

Warum aber soll die harte Tatsache, daß alles, was geschieht, so wie es geschieht, unabänderlich und unwiederbringlich in die Vergangenheit entschwindet, warum sollte diese Tatsache Rache erzeugen? Rache ist doch Vergeltung für etwas Konkretes, was einem angetan worden ist. Da könnte man sich um Wiedergutmachung, Ausgleich, Sühne etc. bemühen und damit würde man dann doch keine Rache nehmen. Es ginge Fall für Fall um den Versuch, ein Vergeben, ein Vergessen zu erreichen.

Nietzsche meint, daß das absolut unmöglich ist, so lange der Geist nicht seinen Widerwillen gegen die Vergänglichkeit allen Lebens loswerden kann, so lange er nicht damit aufhört, alle Arten von sozialistischen Paradiesen auf Erden errichten zu wollen. Denn solange er diesen Utopien nachstrebte, so lange er meinte, daß unter bestimmten Bedingungen ein Heilszustand auf Erden zu erreichen sei, solange ist er nicht bereit, die Vergänglichkeit menschlichen Lebens anzuerkennen, und *muß* Rache üben. Tragisch ist es, daß selbst die Christen mit dem Aufgeben der Zwei–Reiche–Lehre sich die Zukunft verschlossen haben und heillos in einer unwiederbringlich "unerlösten" Vergangenheit gefangen sind.

Hitler soll sich nach dem fehlgeschlagenen Anschlag auf ihn am 20. Juli 1944 die Filmaufnahme angesehen haben, die man von der Hinrichtung der Attentäter in seinem Auftrag gemacht hatte.

Welcher Zusammenhang besteht zwischen Hitlers Befriedigung seiner Rachegelüste und der Hingerissenheit, mit der man sich heute bei hohen Einschaltquoten Filme zum Holocaust ansieht? Doch wohl "nur" der des bequemen Abstands zum wirklichen Geschehen. Die wie auch immer gearteten Gefühle drücken gerade in ihrer Intensität die sich nur im Subjektiven vollziehende Form der Stellung zum Geschehenen aus. Eine sachliche Auseinandersetzung, die neben den Gefühlen auch ein Denken ermöglichte, bedarf der Konkretheit der Fälle, die sich nur in der Sprache ausdrücken können.

Die Grundbedeutung von lat. informatio ist formen, bilden, eine Gestalt geben. Die Information ist nicht in erster Linie Wissensvermittlung, damit jemand sich eine Meinung bilden, Entscheidungen treffen kann, sondern Bildung, Gestaltgebung, Formung der Einzelnen. Heute ist die Information allgegenwärtig und unbedingt notwendig, damit die Menschen Gestalt (Haltung) annehmen, damit sie sich fugenlos in den Produktions- und Konsumprozeß einpassen können. Je mehr Information vorhanden ist, je differenzierter sie ist, und je mehr der Einzelne sich ihr aussetzt, um so reibungsloser funktioniert das "Räderwerk" des Arbeitsprozesses und des Einzelnen in ihm. Davon hatten Sozialisten aller Couleur früher nur geträumt.

Martin Heidegger sieht diesen Prozeß der "Mechanisierung" auf seinem Höhepunkt, wenn der Mensch "als ihr regulatives Bestandstück in die Maschine selbst sich eingelassen hat".

(Jahresgabe der Martin-Heidegger-Gesellschaft 1997, S. 9)

Als die Nationalsozialisten an die Macht kamen, wurden in kurzer Zeit selbständige Institutionen in der Gesellschaft aufgelöst oder gleichgeschaltet und die Logik dieser Aktionen: Rationalisierung und Mobilmachung von Kräften, lag vor aller Augen; auch die Brutalität dieser Aktionen, da sie abrupt durchgeführt werden mußten.

Heute wundert sich niemand mehr darüber, daß z.B. in einer Autokolonne Hunderte von Fahrern freiwillig gleichschalten. Hier auf unterster Ebene ist, wie bei den großen Fusionen in der Wirtschaft, keine fremde Macht mehr notwendig, die (wie noch 1933) diese Gleichschaltungsprozesse erzwingen mußte. Dem sog. Sachzwang unterwirft sich heute jeder freiwillig. Wer aus dem "Getriebe" entfliehen will, muß es auf sich nehmen, als Asozialer oder gar Verbrecher eingeordnet zu werden, oder wie Nietzsche bei seiner Ankündigung des letzten Menschen sagte: "Jeder will das Gleiche, jeder ist gleich: wer anders fühlt, geht freiwillig ins Irrenhaus."

Gottfried Benn radikalisierte auf seine ganz besondere Weise das Dilemma: "Das kommende Jahrhundert würde nur noch zwei Typen zulassen, zwei Konstitutionen, zwei Reaktionsformen: diejenigen, die handelten und hochwollten, und diejenigen, die schweigend die Verwandlung erwarteten – Verbrecher und Mönche – , etwas anderes würde es nicht mehr geben". (G. Benn, Gesammelte Werke, Bd. 2, Insel–Verlag, Wiesbaden 1965, S. 223)

"Das Wir ist die Brücke, das Schlechte, das den Nazismus möglich machte. Der Unterschied zwischen dem Einzelnen und dem Kollektiv wird eingeebnet, wer ihn bewahrt, steht draußen, gehört nicht zu "uns", ist wahrscheinlich ein Kommunist. Als ob es dort nicht wenigstens genauso wäre. Wer in der Politik und vielen anderen Sparten von sich selbst spricht und die Landsleute als "sie" bezeichnet, erscheint, auch wenn die Hörenden es nicht realisieren, ihnen als Verräter, nur im Zufallsfall als anständiger Mensch."

(M. Horkheimer, Gesammelte Schriften, Bd. 6, Fischer Verlag, Frankfurt am Main 1991, S. 404)

Kants Anthropologie beginnt mit den Sätzen: "Daß der Mensch in seiner Vorstellung das Ich haben kann, erhebt ihn unendlich über alle anderen auf Erden lebende Wesen. Dadurch ist er eine *Person* ......" (Kant, Immanuel: Werke in zehn Bänden,Wiesbaden 1956, Bd. 10, S. 407)

Kant hebt dann hervor, daß ein Kind, bevor es anfängt, als Ich zu reden, von sich in der dritten Person spricht. ("Karl will essen, gehen usw".) Wenn es aber einmal erst durch Ich zu sprechen begonnen hat, fällt es niemals mehr in die alte Sprechart zurück. Denn, so begründet es Kant: "Vorher *fühlte* es bloß sich selbst, jetzt *denkt* es sich selbst". (s.o.)

Wenn nun der Erwachsene wieder sein Ich zurückstellt, um es z.B. dem Es der Psychoanalytiker oder dem Wir der Mediengesellschaft zu unterstellen, *fühlt* er sich wohl selbst, "schuldig" oder "stark", aber das *Denken* hat ausgesetzt. Denn, wie Kant sagt: "Denken ist *Reden* mit sich selbst ..." (s.o. S. 500)

Eine Individualmoral zu haben, kann sich der Mensch heute weniger denn je leisten. Er fiele dann völlig aus dem "Kontext" der Gesellschaft. Wer kann denn noch im kantischen Sinne verantworten, was er tut, wenn er mit dem Auto fährt, wenn er in ein Flugzeug steigt etc.?

Die Schwammigkeit, Konturenlosigkeit seines Ich, die ihn belästigt, kann eine abstrakte Sportmoral kaum reparieren. Bleibt untergründig ein schlechtes Gewissen, dessen sich die Gesellschaft, ein Über–Ich, bemächtigen kann.

Wenn das Individuum Ansprüche an die Gesellschaft stellt, tritt es nicht mehr autoritär auf, d.h. es will seinen Willen nicht mehr durchsetzen, sondern es tritt als Bittsteller auf. Es ist durch Interessen, die in Gruppen gebündelt werden, in die Gesellschaft eingebunden.

Das Kollektiv schafft Ansprüche, dem Einzelnen werden Ansprüche eingeredet, deren Einlösung wiederum von der Gesellschaft garantiert werden muß.

Die Erweckung von Ansprüchen ist damit die bestmögliche Einbindung des Individuums in die Gesellschaft.

Als Hannah Arendt 1961 am Prozeß gegen Eichmann als Berichterstatterin teilnahm, wollte sie die Verkörperung des radikal Bösen kennenlernen, einen Mann, der für die Vernichtung von Millionen Juden verantwortlich zeichnete.

Sie traf auf jemanden, den bei seinem Handeln weder feste ideologische Überzeugungen, noch besonders "böse" Beweggründe leiteten. Ihr begegnete ein Mensch, der allein eine ihm gestellte Verwaltungsaufgabe pflicht- und ordnungsgemäß zu erledigen versuchte, ohne auch nur im geringsten sein Handeln zu beurteilen, sich denkend den Motiven zu stellen, die dieses Handeln antrieben.

Hannah Arendt zog sich den Unmut vieler zu, als sie mit dem Stichwort "Banalität des Bösen" die Gedankenlosigkeit, das Fehlen des einsamen, unabhängigen Denkens als Ursache der Katastrophe konstatierte.

Es wurde darauf hingewiesen, daß das als Rechtsradikalismus definierte Rottenwesen unter den Jugendlichen in der ehemaligen DDR u.a. damit zu tun hatte, daß diese armen, schon in der "Krippe" sozialisierten Menschen sich ihren gewohnten Halt und Schutz auf eigene Faust suchen mußten.

Als ob im Westen noch eine Erziehung überlebt hätte, welche die Erziehung der Jugendlichen zu selbständigen, selbstverantwortlichen Personen zum Inhalt hätte. Im Osten wie im Westen gab und gibt es eine Willensbestimmung (=Moral), der sich die Jugendlichen begeistert stellen könnten, nicht mehr.

Als dem preußischen König Friedrich dem Großen von einem Offizier berichtet wurde, der einem seiner Untergebenen schwer mißhandelt hatte, ließ er diesen kommen und sagte ihm: "Da meine Armee aus lauter Menschen besteht, ihr aber ein Unmensch seid, so seid ihr hiermit weggejagt. Bezahlt dem Knechte fünfzig Taler für seine Schmerzen. Nun schert euch zum Teufel."

Der König entmythisiert die Armee, indem er sie auf lauter einzelne Menschen zurückführt. Der Offizier wird seiner Aufgabe nicht gerecht und muß gehen, nicht weil er bei der Erfüllung übergeordneter Pflichten (allgemeiner Interessen) versagt hat, sondern weil er sich nicht als Mensch d.h. als Einzelner bewährt hat.

Am 8.9.1955 fährt der erste Kanzler der Bundesrepublik Konrad Adenauer mit einer Delegation nach Moskau, um über die Aufnahme diplomatischer Beziehungen und die Freigabe der letzten deutschen Kriegsgefangenen zu verhandeln. Ein Augen- und Ohrenzeuge berichtet:

>>"Die Verhandlungen begannen höflich; man versicherte sich gegenseitig, man werde " mit vollem Freimut eine ruhige Aussprache führen". Sehr schnell zeigte sich aber, daß die Sowjets nur über die diplomatischen Beziehungen sprechen wollten. Seien die erst einmal hergestellt, dann ließe sich – später – viel leichter über Wiedervereinigung und Kriegsgefangene sprechen. Sie hatten eine kleinlaute, vom Schuldgefühl niedergedrückte deutsche Delegation erwartet. Da aber hatten sie nicht mit Adenauer gerechnet.

So kam es schnell zum Krach. Bulganin hielt sich noch an die diplomatischen Formen, auch als er Adenauer die Taten der deutschen "Gewalttäter, Brandstifter, Mörder von Frauen und Kindern und Greisen" vorhielt. Kalte Wut gab wohl Adenauer den Mut, etwas zu sagen, was so leicht kein anderer riskiert hätte: " Es ist wahr: Deutsche Truppen sind in Rußland eingefallen. Es ist wahr: Es ist viel Schlechtes geschehen. Es ist aber auch wahr, daß die russischen Armeen dann – in der Gegenwehr, das gebe ich ohne weiteres zu – in Deutschland eingedrungen sind, und daß dann auch in Deutschland viele entsetzliche Dinge im Kriege vorgekommen sind" .

Da explodierte nun Chruschtschow. Die sowjetischen Truppen hätten " die heilige Pflicht

24

des Volkes erfüllt" als sie den brutalen Überfall Hitlers abwehrten. Darauf Adenauer kalt: "Gestatten Sie mir einmal folgende Frage: Wer hat denn eigentlich das Abkommen mit Hitler geschlossen, Sie oder ich?"<<

(aus: Gerd Bucerius, Der Adenauer, Hofmann u. Campe Verlag,Hamburg 1976, S. 78)

Chrutschtschow rechtfertigt die Greueltaten der sowjetischen Truppen bei ihrem Einmarsch in Deutschland, indem er behauptet, sie hätten "die heilige Pflicht des Volkes erfüllt." Hier muß wie bei den Nationalsozialisten die übergeordnete Größe des Volkes und deren "heilige Pflicht" dazu herhalten, die Greueltaten jeweils Einzelner zu überdecken.

Adenauer trifft den Kern der Auseinandersetzung, obwohl er scheinbar das Thema wechselt, wenn er die anwesenden russischen Staatsmänner auf ihre ganz persönliche Zusammenarbeit, auf ihre anfängliche Komplizenschaft mit Hitler hinweist. Adenauer konnte das so wie kein anderer tun, weil er selbst ja, gleich zu Anfang des 3. Reiches, Hitler persönlich Widerstand geleistet hatte.

Volksempfänger, Volkswagen, Volks–
fürsorge, Volksgerichtshof, Volksempfinden, das
gesunde natürlich, und der gerechte Volkszorn
und dann geht es nicht weiter. Statt Volkswille
sagt man schon lieber der Wille des Volkes; und da
ist dann einer nötig, der denselben gültig
interpretiert. Wenn es aber um das Denken oder
die Vernunft geht, kann weder ein zusammengesetztes Wort noch der genetivus subjectivus
gebildet werden.

Auf der Straße erscheinen Plakate, auf denen die Augen eines vor Staunen sprachlosen Menschen ausgeblendet und je durch eine Weltkugel ersetzt sind. – Ein Fernsehkanal bietet nie gehabte Einsichten in die Welt an. Der dargestellte Mensch scheint bei seinem Staunen glücklich zu sein und fordert so die Zuschauer, mit denen er keinen Blickkontakt haben kann, indirekt auf, dieselbe Erfahrung zu machen, und sich auch wie er selbst vor dem Fernseher zu isolieren. In der Isolation die Solidarität im Glück der eine gemeinsame virtuelle Welt erlebenden Menschen. Man ist es leid, als Einzelner durch die Welt zu gehen, wo man, wenn man Konturen bietet, auch auf reale Dinge stößt und also Leid erfährt.

Der ungestörte Verbrauch von Dingen muß durch die ungehinderte Bereitstellung dieser Dinge gewährleistet werden. Der Beschaffungs–prozeß wird heute durch die Computer, die weite Räume überbrücken, gesteuert. An dem einen Ende der Strippe findet wie eh und je ein Ausbeutungsprozeß statt, der genau in dem Maße wächst, wie sich am anderen Ende der Verbrauch potenziert. Ganz Afrika gibt dafür ein einziges Schaubild ab. Schon aber deutet sich an, daß Verbrauch und Ausbeutung notwendig sich auch am selben Ort zugleich vollziehen werden. Wer viel verbraucht, wird viel ausgebeutet werden. Eine gerechtere Gleichung als die bisherige.

"Diese ursprüngliche Gemeinschaft entsteht nicht erst durch das Aufnehmen gegenseitiger Beziehungen – so entsteht nur Gesellschaft – , sondern Gemeinschaft *ist* durch die vorgängige Bindung *jedes Einzelnen* an das, was jeden Einzelnen überhöhend bindet und bestimmt. Solches muß offenbar sein, was weder der Einzelne für sich noch die Gemeinschaft als solche ist. Die Kameradschaft der Frontsoldaten hat weder darin ihren Grund, daß man sich zusammenfinden mußte, weil andere Menschen, denen man fern war, fehlten, noch auch darin, daß man sich auf eine gemeinsame Begeisterung erst verabredete, sondern im tiefsten und einzigen darin, daß die Nähe des Todes als eines Opfers jeden zuvor in die gleiche Nichtigkeit stellte, so daß diese die Quelle des unbedingten Zueinandergehörens wurde. Gerade der Tod den jeder einzelne Mensch für sich sterben muß, der jeden Einzelnen aufs äußerste auf sich vereinzelt, gerade der Tod und die Bereitschaft zu seinem Opfer schafft allererst zuvor den Raum der Gemeinschaft, aus dem die Kameradschaft entspringt."

(Martin Heidegger, Gesamtausgabe, Frankfurt am Main 1980, Bd. 39, S. 72 ff.)

Spricht sich darin (der Text stammt aus einer Freiburger Vorlesung im Wintersemester 1934/35) nicht ein Denken aus, das dem Nationalsozialismus, auf hohem Niveau allerdings, Hilfsdienste leistete? Ist die Aufwertung "ursprünglicher" Gemeinschaft gegenüber dis-kursbestimmter Gesellschaft etwa nicht ein ge-fährliches Indiz? Das wären Fragen, deren Beantwortung allerdings ein genaues Lesen und Verstehen des heideggerschen Textes voraussetzte.

Im Reclam–Bändchen über die Aufklärung und Rokoko (Stuttgart 1998) wird in der Einleitung behauptet, daß "es zu einer wirklichen Rezeption der Ideen der Aufklärungsphilosophie in Deutschland nicht gekommen sei". (s.o. S. 13)

Diese merkwürdige Auffassung erklärt sich daraus, daß für den Verfasser "Aufklärung eine der bleibenden, den demokratischen und sozialistischen Gedanken bedingende Forderung ist". (s.o.)

So übersieht man einfach immer noch im Trend einer Fortschrittseuphorie der Massen den Gipfelpunkt der Aufklärung überhaupt, den wohl doch der deutsche Philosoph Immanuel Kant darstellt. So heißt es bei diesem in einer Fußnote zu "Was heißt: sich im Denken orientieren?" (I. Kant, Werke in zehn Bänden, Wiesbaden 1958, Bd. 5, S. 283): *"Selbstdenken* heißt den obersten Probierstein der Wahrheit in sich selbst (d.i. in seiner eigenen Vernunft) suchen; und die Maxime, jederzeit selbst zu denken, ist die *Aufklärung"*.

Man wirft Martin Luther vor, er habe die Bauern nach anfänglicher Unterstützung in ihrem Kampf gegen die Fürsten fallengelassen, um die Reformation, die sich auf die Fürsten stützte, nicht zu gefährden.

Was Luther aber wirklich "gegen den Strich" ging, verrät schon der Titel seiner Schrift, in der er die Bauern schließlich verurteilte: "Wider die räuberischen und mörderischen *Rotten* der Bauern". (1525)

"O der losen Christen! Liebe Freunde, die Christen sind nicht so verbreitet, daß so viele sich auf einen Haufen versammeln sollten; es ist ein seltener Vogel um einen Christen ". ("Ermahnung zum Frieden auf die zwölf Artikel der Bauernschaft in Schwaben".)

Hitler, Adolf; 10.11.1938 in München vor der schon gleichgeschalteten Presse:
"....... Der Zwang war die Ursache, warum ich jahrelang nur vom Frieden redete. Es war nunmehr notwendig, das deutsche Volk psychologisch allmählich umzustellen und ihm langsam klarzumachen, daß es Dinge gibt, die, wenn sie nicht mit friedlichen Mitten durch-gesetzt werden können, mit Mitteln der Gewalt durchgesetzt werden müssen. Dazu war es aber notwendig, nicht etwa nun die Gewalt als solche zu propagieren, sondern es war notwendig, dem Deutschen Volk bestimmte außenpolitische Vorgänge so zu beleuchten, daß die innere Stimme des Volkes selbst langsam nach der Gewalt zu schreien begann; das heißt also, bestimmte Vorgänge so zu beleuchten, daß im Gehirn der breiten Masse des Volkes ganz automatisch allmählich die Überzeugung ausgelöst wurde, wenn man das eben nicht im Guten abstellen kann, dann muß man es mit Gewalt abstellen!" (C 1136 DRA)

Ein Dokument , das Zweifel daran aufkommen läßt, ob für Hitler das "Deutsche Volk" mehr war, als eine manipulierbare Größe, ein Instrument, auf dem er seine Melodien spielen konnte.

Für diejenigen, für die das Volk, die Wir-Gemeinschaft, immer noch eine bestimmte Größe mit Eigenwert ist, die es in das politische Spiel einzubringen gilt, offenbart diese Rede den Verrat Hitlers am Volk. Er zeigt sich hier unverblümt als der Unterdrücker, Diktator, der er immer war.

In jedem Fall bleibt die vorsorgliche Frage:

Welchen Abstand hat der Einzelne gegenüber der öffentlichen "Meinungsmache" zu wahren, welche Sicherungen hat er aufzubauen, um sich seine Urteilsfreiheit gegenüber der durch die Technik ins Ungeheure gesteigerten Effektivität derselben zu erhalten? Wie weit muß (kann) der Einzelne sich dem öffentlichen Informationsbetrieb verweigern?

Als Nietzsches Zarathustra seine Rede vom Verächtlichsten, vom *letzten Menschen* beendet hat, bricht das Volk in Jubel aus und ruft: "Gib uns diesen letzten Menschen, oh Zarathustra, mache uns zu diesen letzten Menschen! So schenken wir dir den Übermenschen."

Wenn wir heute diese Rede lesen, müssen wir erstaunt feststellen, daß wir hier in weiten Strecken eine Charakteristik des heutigen Menschen vor uns haben, und daß die Schockwirkung, die Nietzsche mit der Schilderung dieses für ihn verächtlichsten Menschentyps beabsichtigte, heute wie bei dem Volk, das Zarathustra zuhörte, ausbleibt.

"Seht! Ich zeige euch *den letzten Menschen.*

>> Was ist Liebe? Was ist Schöpfung? Was ist Sehnsucht? Was ist Stern?<< – so fragt der letzte Mensch und blinzelt.

Die Erde ist dann klein geworden, und auf ihr hüpft der letzte Mensch, der alles klein macht. Sein Geschlecht ist unaustilgbar wie der Erdfloh; der letzte Mensch lebt am längsten.

>> Wir haben das Glück erfunden<< – sagen die letzten Menschen und blinzeln. denn man braucht Wärme.

Sie haben die Gegenden verlassen, wo es hart war zu leben: denn man braucht Wärme. Man liebt noch den Nachbar und reibt sich an ihm: denn man braucht Wärme.

Krankwerden und Mißtrauen haben gilt ihnen sündhaft: man geht achtsam einher. Ein Tor, der noch über Steine oder Menschen stolpert!

Ein wenig Gift ab und zu: das macht

angenehme Träume. Und viel Gift zuletzt, zu einem angenehmen Sterben.

Man arbeitet noch, denn Arbeit ist eine Unterhaltung. Aber man sorgt, daß die Unterhaltung nicht angreife.

Man wird nicht mehr arm und reich: beides ist zu beschwerlich. Wer will noch regieren? Wer noch gehorchen? Beides ist zu beschwerlich.

Kein Hirt und *eine* Herde! Jeder will das Gleiche, jeder ist gleich: wer anders fühlt, geht freiwillig ins Irrenhaus.

>> Ehemals war alle Welt irre<< – sagen die Feinsten und blinzeln.

Man ist klug und weiß alles, was geschehen ist: so hat man kein Ende zu spotten. Man zankt sich noch, aber man versöhnt sich bald – sonst verdirbt es den Magen.

Man hat sein Lüstchen für den Tag und sein Lüstchen für die Nacht: aber man ehrt die Gesundheit.

>>Wir haben das Glück erfunden<< – sagen die letzten Menschen und blinzeln."

(F. Nietzsche, Werke in 3 Bänden, Carl Hanser Verlag München, 1977, Bd. 2, S. 284)

Wenn der Übermensch nicht mehr der Menschentypus sein kann, der den letzten Menschen überwinden soll, so muß man sich fragen, ob andere Formen der Überwindung vorstellbar sind, wenn man denn noch meint, daß der letzte Mensch überhaupt zu verachten sei.

Nietzsche stellt der christlichen Nächstenliebe die Fernstenliebe gegenüber. Man interpretiert falsch, wenn man annimmt, daß damit einfach die Menschen gemeint sind, die in anderen Ländern leben. Den Nächsten sieht Nietzsche als den Nachbarn, dem man sich anbiedert, weil man es mit sich selber nicht aushält ("Eure Nächstenliebe ist eure schlechte Liebe zu euch selber" , sagt Zarathustra. s.o.,S. 325) Man schafft sich mit den Nächsten ein Reich, in dem man sich gegenseitig die Unnötigkeit jeglicher nur vom Individuum zu übernehmenden Auseinandersetzung versichert. Die sich da zusammenfinden in der Erlösung von der (je vom Einzelnen allein vorzunehmenden) Willensbestimmung, verteidigen ihr Reich mit allen Mitteln (" wenn ihr zu fünfen miteinander seid, muß immer ein sechster sterben". s.o. S. 325)

Die Fernstenliebe dagegen sieht im *Nächsten* das, was Zukunft verheißt, was über den *letzten Menschen* hinausgeht, was schon da ist, aber da es erst entwickelt werden muß, noch ferne ist.

Die von den Medien betriebene Auseinandersetzung mit dem Schicksal der von den Nationalsozialisten Hingemordeten hinterläßt bei aller Empörung über das "Untermenschentum" der Täter und der damit geweckten Beflissenheit, Anzeichen solchen Unwesens auch heute ausfindig zu machen, eine bedrückende Leere und beklemmende Trostlosigkeit. Eine Gesellschaft, die eine solche Auseinandersetzung betreibt, wird nur ihrer eigenen Hilflosigkeit und Heillosigkeit ansichtig und muß aufpassen, daß sie sich nicht verleiten läßt, dafür Rache nehmen zu wollen.

Dabei sollte gerade hier der Respekt vor den Opfern, den Abschied aus der Öffentlichkeit, aus der Vermarktung von politischen Interessen nahelegen, und zu einer Hinwendung zu dem je einzelnen Opfern führen. Ihr Leid, die in der Einsamkeit dieses je individuellen Leides errungene Selbsterkenntnis, und die damit verbundene Erfahrung Gottes und der Welt zeigen allein den Ort an, wo die eigentliche Auseinandersetzung stattfand und stattfindet.

Man wirft den Christen eine Verachtung der Welt, eine Geringschätzung des "Diesseitigen" vor. Wohl hat es in der abendländischen Geschichte eine Haltung gegeben, die diese Welt indifferent betrachten wollte, sie durch eine andere zweite Welt relativierte, alles in ihr in Zweifel zog, oder die Bedeutung von allen in Klammern setzte. Aber diese Haltung erst ermöglichte es, die Welt als Ganzes zu sehen, auf ihre Gestaltung bewußt Einfluß zu nehmen. Die Wissenschaften haben hier ihren Ursprung. Voraussetzung für diese Freiheit gegenüber der Welt war aber das Gottesverhältnis des Menschen, die Einsamkeit des Menschen vor Gott als dem Schöpfer von Mensch und Welt. Durch den Einbruch weltinterner Heilslehren fand dann später eine Gleichschaltung aller Menschen in einer Welt statt, die als solche (als bestimmte Welt) gar nicht mehr durchschaut und erkannt werden kann, weil niemand mehr in eine Abstandsposition zu ihr gelingen kann (darf). Der Philosoph Edmund Husserl, der als Jude vom Heraufkommen des Nationalsozialismus persönlich stark betroffen war, sah in diesem darum nicht ein isoliertes Phänomen, sondern ein Anzeichen für ein umgreifenderes Ereignis, für die "Krisis der europäischen Wissenschaften". (So der Anfang des Titels seines letzten Werkes.)

Wie erklärt sich Hitlers Vorliebe für Wagner? Doch wohl, weil hier ein "Theater" geboten wurde, das in der Form eines Gesamtkunstwerkes dazu da war, wie Wagner selber formulierte, den "Überfall auf die Sinne" zu vollziehen. Es wurde Hitler hier ein Modell geliefert, das ihm bei der Inszenierung seiner Auftritte, besonders bei den sog. Großveranstaltungen als Vorbild dienen konnte.

Christen hätten auf diese Art von Theater nicht hereinfallen dürfen, *insoweit für sie allein das Wort möglicher Träger von Wahrheit ist.* So hatte sich z.B. im lutherischen Protestantismus die Musik völlig in den Dienst des Wortes zu stellen (s. Schütz und auch noch Bach).

Heute wird uns durch die Massenmedien eine Bühne geboten, die ein ideales Verwirrspiel gestattet, weil weder nach dem Ort der Wahrheit (im Bild oder Wort z.B.), noch nach der Erkenntnismöglichkeit des Menschen (durch Gefühl oder Denken) gefragt wird.

Was ist gemeint, wenn Hitler in seinen Reden die *Vorsehung* (auch "Schicksalsfügung") zitiert? Es gibt Stellen, wo er einen Gott, einen Herrn öffentlich anredet, wie bei einem Gemeindegebet, und ihn im Namen des Volkes um den Segen für ein begonnenes Werk bittet. Oft haben diese Bitten den Charakter der Beschwörung. ("Herr wir lassen nicht von Dir. Nun segne unseren Kampf um .." Rede zum 1. Mai(1933)

Die Vorsehung dagegen tritt nicht als "Person" auf, sie braucht nicht angeredet und nicht um etwas gebeten zu werden. Indem sie alles Geschehen "vorsieht", in die Zukunft hinein bestimmt, bleibt dem Menschen nichts anderes übrig, als ihren Gang zu erkennen, und als unabänderlich zu akzeptieren. Während der Gott des Alten Testaments seine Forderungen an den Menschen noch mit einem "Du sollst..." einleitete und so die Möglichkeit offen blieb, ob der Angesprochene das von ihm Geforderte erfüllte oder nicht, konstatiert die Vorsehung nur, was sein wird und verfährt erbarmungslos mit dem, der den von ihr verfügten, notwendigen, eisernen Gesetzen widersteht. Er wird von ihr zermalmt, zertreten. ausgerottet, vernichtet etc. . Er ist der Unmensch schlechthin, und wenn das nicht deutlich genug sein sollte, muß man diese Wahrheit zur Abschreckung in Schauprozessen veranschaulichen. Hitler sieht sich als eine Art Vollzugsbeamter des von der Vorsehung Vorge–sehenen. Da er als Privilegierter eher als andere die "Vernunft" dessen, was zu geschehen hat, einsieht, ist er der Führer in die Zukunft. Die sich ihm anvertrauen, liegen richtig, sie wissen, wo es lang geht.

40

Das unermeßliche Leid, daß die National–sozialisten Millionen von Menschen in den Konzentrationslagern zufügten, macht sprachlos: Man muß sich sehr in acht nehmen, um dabei nicht selbst aus Fassungslosigkeit dem Wahnsinn der nationalsozialistischen "Logik" zu verfallen: zu meinen, daß da Gruppen, Typen von Menschen in den Tod getrieben worden seien, die alle vom Aussehen bis zum *Verhaltensmuster* einheitlich geprägt gewesen seien.

Die *Typisierung* der Opfer in Gedenk–stätten und bei Gedenkveranstaltungen bestätigt auf makabre Weise nur die von den Nationalsozialisten vollzogene wahnwitzige Klas–sifizierung von Menschen nach Rassen oder das Zusammenpferchen von Einzelwesen zu einer angeblich homogenen Herde.

Leid kann niemals von einem Kollektiv empfunden werden, es ist immer ein Datum, das nur vom je Einzelnen getragen werden kann. Diese Tatsache ist auch ein Grund dafür, daß sich viele dieser Einzelnen, wenn es sie betrifft, aus der Öffentlichkeit zurückzuziehen versuchen. Das Leid vereinzelt wie nichts sonst den Menschen, es ist das Intimste; und wenige "Helfer" nur besitzen den nötigen Takt, um Leidenden beistehen zu können. Die Nationalsozialisten haben in einer beispiellosen Schamlosigkeit die Einzelnen in die Anonymität getrieben, sie haben ihnen das Recht verweigert, ihr Leid als Individuen zu tragen. Die Opfer sollten durch ihren Tod beweisen müssen, daß sie eigentlich keine Einzelwesen seien, sondern nur auswechselbare Exemplare eines homogenen Menschentyps.

Die spanische Mystikerin Theresa von Avila spricht von der "inneren Burg", in der die Seele abgeschirmt von allen äußeren Dingen mit sich und Gott allein ist. Inzwischen haben alle Psycho- Wissenschaften und Soziologien mit Erfolg daran gearbeitet, diese Burg aufzubrechen. Ganze Industrien sind heute damit beschäftigt, diese "Bresche" offenzuhalten.

Da ein Denken in der abendländischen Tradition (d.h. mit seinen griechischen und christlichen Wurzeln) aber immer nur im Selbstgespräch ("Denken ist Sprechen mit sich selbst." s.o.) möglich war, in das dann auch das Rechenschaft gebende Gebet integriert sein konnte, muß man sich heute die Frage gefallen lassen, was man denn an die Stelle dieses Denkens gesetzt habe? Oder existiert da bis heute, und nicht nur erst seit der Herrschaft der Nationalsozialisten, eine Leerstelle, und sind aller Medienzauber und aller Konsumspektakel allein dazu da, durch ihre Intensität zu beweisen, daß es die Leerstelle eigentlich nicht gibt?

Im Nationalsozialismus konnte Widerstand vorbildhaft nur von denen geleistet werden, die ihre geistige Integrität auch sprachlich zu behaupten verstanden.

Faust oder Teste: "Ich bin es leid, Ich zu sein! – Doch das heißt noch gar nichts – Ich sage mehr! Ich bin es leid, ein Ich zu sein! Denn das bedeutet leiden." (Paul Valéry, Cahiers/Hefte, Frankfurt a. Main 1990, Bd. 6, S. 545)

Das Leid und die Schuld vereinzeln den Menschen. Und doch ist er gerade immer auf der Flucht vor diesen Lasten, die seinem Leben erst ein Schwergewicht geben. ("Das Schwergewicht ist aus den Dingen," diagnostiziert Nietzsche folgerichtig, wenn er den Nihilismus beschreibt.) Er hält sich lieber in der Anonymität der Masse auf, und gibt sich der Hoffnung hin, daß ihn Leid und Schuld nicht treffen können. Es bleibt aber das schlechte Gewissen, das Wissen, daß er sich eigentlich zu *stellen* habe, und daß er im Grunde doch nicht ausweichen kann.

Damit bleibt das Ressentiment, das Rache nehmen muß an den ewig Einzelnen, die angeblich immer wieder das Glück der vielen, ihr Paradies auf Erden (= ihr Erlöstsein von Leid und Schuld) zerstören. So lange die Vermutung bleibt, daß es noch Einzelne gibt, findet der Mensch in der Masse keine Ruhe, und so treibt ihn das Ressentiment an, mit "Schwertern und Stangen" (Lk 22, 52) nach den Unholden und Friedensstörern zu suchen.

Daniel Goldhagen hat zu zeigen versucht, daß es bei den Deutschen glücklicherweise keine genbestimmte Disposition für den National- sozialismus gibt, wohl aber eine durch eine lange Erziehung bewirkte. Diese These hätte sich zu bewähren, wenn man sich einer dieser vermeintlichen negativen Einflüsse zuwenden und sie einsichtig analysieren würde.

Die Deutschen selbst hätten es einfach, denn sie könnten sich von einem Denker aus ihrer Tradition, von Kant sagen lassen, warum die meisten Menschen im "Dritten Reich" sich dem Unrecht nicht entgegengestellt haben. In Beantwortung der Frage "Was ist Aufklärung?" schreibt Kant u.a.:

"Faulheit und Feigheit sind die Ursachen, warum ein so großer Teil der Menschen, ..., dennoch gerne zeitlebens unmündig bleiben; und warum es anderen so leicht wird, sich zu deren Vormündern aufzuwerfen." (Kant, Immanuel: Werke in zehn Bänden, Wiesbaden 1956, Bd.9, S. 53)

"Wenn der Rhythmus einmal gefunden ist, bleibt nichts zu tun; wie bei den Militärmärschen. Es gibt weder Überraschungen noch Andeutungen einer Offenbarung. Allein bei der Melodie kann es eine Offenbarung geben; die Melodie ist schöpferisch, unvorhersehbar. Der Rhythmus dagegen ist Ausdruck für das Fehlen der Freiheit....

Die Reden Hitlers und die seiner Gefolgsleute waren auf eine infernalische Weise operativ. In dem Rhythmus jener Reden war, was auch immer die Worte sagten, kein Platz für ein Denken.

Was nichts anderes als Rhythmus ist, ist die Hölle, eine infernalische Festung, tödlich durch sich selbst."

(Maria Zambrano, Notas de un metodo, Madrid 1989, S. 12)

Die Kommunisten wie auch die Nationalsozialisten waren u.a. angetreten, um einen
international sich verbreitenden Kapitalismus,
deren Machtzentrum man schon damals an der
Börse in New York vermutete, Paroli zu bieten.
Während die Kommunisten eine internationale
Lösung anstrebten, an der alle Völker
gleichberechtigt teilnehmen sollten, wollten die
Nationalsozialisten den vorbildlichen Sozialismus,
den das deutsche Herrenvolk sich geschaffen
haben wollte, nicht exportieren, sondern ihm
andere angeblich minderwertige Völker unter-
werfen und dienstbar machen. Beiden gemeinsam
war die Überzeugung, daß reine Marktgesetze, die
von Kriterien der reibungslosen Ausbeutung von
Natur und Mensch ausgingen, nicht automatisch
zu den obersten Gesetzen erklärt werden dürften,
die das menschliche Leben zu regeln hätten.

Carl Schmitt sah 1947 in seinem
Glossarium hämisch voraus, daß nach dem
Zusammenbruch des auch ihm mindestens nach-
träglich verdammenswert erscheinenden Ver-
suchs, eine Alternative zum internationalen
Kapitalismus zu finden, das Problem an sich
weiter bestehen würde, d.h. sich bald erneut in
aller Schärfe stellen würde.

"Ich sehe also in der Utopie nicht eine beliebige Phantastik oder Idealkonstruktion, sondern ein auf der Voraussetzung der Raumaufhebung und Entortung, auf der Nicht-mehr-Raumgebundenheit menschlichen Zusammenlebens errichtetes Gedankensystem. Es ist, mit anderen Worten das "Zurückweichen der Naturschranke", das den Menschen zum Herren der Natur macht. Der Mensch schafft sich nach rationalen Gesichtspunkten seine eigene Welt. Mit steigender Technik steigt daher die Utopie in diesem Sinn in immer kühnere Dimensionen. Sie stößt schließlich auf die letzte Naturschranke , die Natur des Menschen selbst, und erdenkt einen aus planmäßig genormten Menschen zusammengesetztes Gemeinwesen. Es gibt nur utopischen Sozialismus (jeder andere ist Nationalsozialismus); die Wissenschaftlichkeit des Sozialismus ist gerade das Utopische."

(Carl Schmitt, Glossarium, Berlin 1991, S. 47)

Eine treffende Analyse eines Phänomens, das heute so offensichtlich geworden ist, daß man schon den Wald vor Bäumen nicht mehr sieht. Warum aber schließt Carl Schmitt hier die Utopie vom Nationalsozialismus aus? Warum verweigert er ihm damit auch die Wissenschaftlichkeit? Will er mit dieser doppelten "Ehrenrettung" nur seine eigene Verstrickung in die Ereignisse der damaligen Zeit rechtfertigen und dem eigentlichen Sozialismus die ganze Schuld an seiner eigenen und unserer Misere (=Utopie) zuschieben?

Heute bestehen immer noch starke Interessen, ihn so billig (= bedenkenlos) davonkommen

48

zu lassen. Dabei hat gerade er bedeutende, bedenkenswerte Dinge zur Vorgeschichte des Nationalsozialismus gesagt.

Wenn die Gesamtrechnung des Lebens nicht mehr einem Gott überlassen werden soll, weil das, was zählt, hier und jetzt, allein in diesem Leben ablaufen soll, so gilt es dieses Leben zu sichern, eine Kalkulation aufzumachen, die garantiert , daß die Endabrechnung aufgeht. Daß dann in diese Endabrechnung auch der schöne Tod (die Euthanasie) gehört, liegt in der Logik der Sache.

Der Theologe Rudolf Bultmann sieht diese Dinge ganz im lutherischen Sinne so: "Die Entartung der echten Freiheit zur falschen Freiheit des Subjektivismus stammt im letzten Grunde aus der *Angst vor der echten Freiheit.* (Nur so konnte Hitler als "Erlöser" verstanden werden, nämlich als der, der von Selbstverantwortung und Freiheit erlöst.) Die echte Freiheit – so sehr die eine Freiheit in der Gebundenheit ist – ist keine Freiheit der Sicherheit, sondern eine Freiheit, die immer nur in Verantwortung und Entscheidung jeweils gewonnen, jeweils Ereignis wird (im Grunde auch beim Stoiker, selbst wenn er es nicht durchschaut), also eine Freiheit in der Ungesichertheit. Die unechte subjektive Freiheit wähnt sich gesichert gerade in ihrer Unverantwortlichkeit gegenüber einer transzendenten Instanz und in ihrem Bewußtsein der Verfügungsmöglichkeit über die Welt mittels Wissenschaft und Technik. Sie wächst aus dem Bedürfnis nach Sekurität, sie ist Angst vor der echten Freiheit, Angst vor dem Selbstsein."

(Rudolf Bultmann, Glauben und Verstehen, Bd. 2, Tübingen 1952, S. 282)

Nationalsozialismus war und ist der Aufstand wider den Geist, den Geist, wie er jahrhundertelang im Abendland aus jüdisch-christlicher Vergangenheit heraus zu verstehen versucht wurde!

Aufstand wider einen Geist, der sich nur in der Sprache, nur im Denken manifestiert, den man nur erkennen kann, wenn einem "Hören und Sehen vergangen ist". "Gott ist Geist und die ihn anbeten wollen, müssen ihn im Geist und in der Wahrheit anbeten."(Joh. 4, 24) "Niemand hat Gott je gesehen." (1. Joh. 4, 12)

Dagegen steht die sinnliche Präsenz, in der etwas da ist, das Leben als solches, das seine Größe allein in seiner Manifestation, deren Stärke und deren Dauer hat. An möglichst vielen Orten zugleich zu sein, ist das Ideal unserer Zeit. Dem rasen wir nach, indem wir Entfernungen (Raum und Zeit) zu vernichten versuchen, dem wollen wir nahe kommen, wenn wir uns und unsere Welt "verewigen", wenn wir durch unseren immer größer werdenden Konsum im Angesicht der schon arg verzehrten Welt "dick da sind". Wir sind selbst zu diesem " verzehrenden Feuer" geworden, das einmal als eine Metapher auf Gott gemünzt war und sein, alle nur sinnliche Präsenz, vernichtendes "geistiges" Wirken veranschaulichen sollte. Wir wollen das Gleiche tun können, ohne auch nur zu ahnen, was Geist ist.

Die Raserei gegen den Geist, wen anders mußte sie zuvorderst anfallen und vernichten als die Juden als die Repräsentanten eines Volkes, das jahrtausendelang einem Gott treu geblieben war, der sich nicht in Bildern, Statuen, Musik und

Theateraufführungen darstellen ließ, sondern sich in einer Schrift seinem Volk offenbarte. Der, kurz gesagt, nicht einfach sinnlich präsent war, sondern der zu den Menschen *sprach* und von ihnen die Anstrengung des Hörens und Verstehens forderte.

Ein solches Volk – und es gab ja unter diesem Volk gerade in Deutschland viele, die bewußt den Geist repräsentierten – stand ganz "natürlich" einer totalen Mobilmachung der sinnlichen Welt entgegen, mußte sich dagegen sperren, wenn alles, was ist, nur dazu da sein sollte, um der Bereitstellung für eine totale Produktion und für einen totalen Konsum zu dienen, um die Omnipotenz des Menschen in der Präsenz in diesem Prozeß allezeit und überall zu sichern.

Niemand redet mehr von "totaler Mobilmachung". Der Begriff wurde von Ernst Jünger aufgebracht, um die Phänomene bei der Bereitstellung von Kräften für den Krieg zu beschreiben und begierig von Goebbels aufgegriffen, weil diesem neben der sachlichen Triftigkeit wohl auch und eher der aufreizende, herausfordernde Ton dieser Worte gefiel.

Heute spricht niemand mehr darüber – es sei denn historisch–kritisch – und dabei vollzieht sich heute stillschweigend selbst unter dem Deckmantel moralischer Prinzipien, die Vollendung, die Verabsolutierung dieser Mobilmachung. Alles Statische geht heute darin auf, ohne daß ein Rest bleibt. Alte Strukturen, die das Leben in Familie und Gesellschaft bestimmt haben, brechen zusammen. Wenn etwas mobilgemacht werden konnte, bedarf das aber keiner weiteren Rechtfertigung. *Die Mobilmachung ist zum Selbstzweck an sich geworden*, prüft sie doch alles daraufhin, ob es innerhalb eines Produktions– und Konsumprozesses von Nutzen ist, oder ob es nur im Weg steht und "beiseite geschafft" werden muß.

Schon Goethe hat im Faust II treffend beschrieben, wie ein "Unglück" dafür herhalten muß, Hindernisse (in diesem Fall zwei alte Leute, Philemon und Baucis) beim Aufbruch in neue Zeiten aus dem Wege zu räumen. Das Unglück, der Unfall (den Mephistopheles "erfindet") ist systemkonform die angemessenste Lösung des Problems, weil moralische Überlegungen ja nur den Prozeß der Mobilmachung aufhalten würden.

Ohne die rapide, ostentative Fortent-
wicklung der Technik wäre der Nationalsozialismus nicht möglich gewesen. Auf der einen
Seite eröffnete sie neue Perspektiven der
Lebenssteigerung (wobei entscheidende Bedeutung der Steigerung der Mobilität zukam), die eine
Aufbruchstimmung erzeugten. Auf der anderen
Seite wurden erst durch sie die wichtigsten Ziele
der Nationalsozialisten "machbar": die Er-
schließung von Lebensraum (Bewegungskrieg)
und die Ausrottung artfremder Rassen in den
Vernichtungsanlagen.

Die Auseinandersetzung mit dem
Nationalsozialismus hat diesen Aspekt nicht
berücksichtigt. Aus diesem Grunde konnte es
passieren, daß den Deutschen ihre ganze
Vergangenheit als Vorgeschichte zum Nationalsozialismus "mies gemacht" werden konnte.
Dabei ist dann niemandem aufgegangen, daß z. B.
Goethe und Hegel in entschiedener Gegnerschaft
zur modernen Naturwissenschaft und zur
aufkommenden Technik standen.

Sollte man da nicht etwas ernster
nachfragen, und als Deutscher stolz darauf sein,
daß es in der eigenen Tradition schon Personen
gegeben hat, die ein Problem heraufkommen
sahen, in das wir heute so verwickelt sind, das
eine gelassene Auseinandersetzung immer
schwieriger wird.

Welchen Sinn soll es haben, die Geschichte der 12 Jahre des Nationalsozialismus immer wieder ins Bewußtsein der Menschen zu rücken? Gibt es einen besonderen Grund, der diese relativ kurze Zeit der deutschen Vergangenheit auszeichnet? Offenbar bietet der Nationalsozialismus Stoff genug, um das Böse in all seinen modernen Facetten genüßlich schaudernd einem nach Gemütsbewegung hungerndem Publikum vorzuführen. Das kann dann politisch ausgenutzt werden, und ist doch nichts weiter als eine Auseinandersetzung auf niedrigsten Niveau. Die Art, wie hier die Gefühle von Massen manipuliert werden, hat fatale Ähnlichkeit mit den Methoden der Nationalsozialisten.

Und gerade aus diesem Grunde ist es dringend notwendig, daß der Einzelne sich von diesem Massenwahn abwendet, um bei den Opfern des Nationalsozialismus nachzufragen, was sie als Einzelne befähigt hat, sich diesem Wahn entgegenzusetzen.

Nur wenige waren schon bei der Macht-übernahme der Nationalisten fähig, eine Diagnose dieses Geschehens zu erstellen. Zu diesen Wenigen gehörte Rudolf Bultmann, der in einer am 2. Juli 1933 in einem akademischen Gottesdienst gehaltenen Predigt den von der neuen Bewegung ergriffenen Menschen entlarvende Fragen stellte, die auch für uns heute noch zu beantworten sind, weil sie damals wie heute "ins Fleisch schneiden":

"Wird über der Entdeckung der Volks-gemeinschaft auch nicht vergessen, daß der Mensch zu sich selbst kommen muß? daß zur Gemeinschaft nur fähig ist, wer für sich selbst etwas ist? daß die Gemeinschaft den Menschen zu sich selbst bringen muß? Wird im Kampf gegen einen Individualismus der Eigeninteressen und der Selbstsucht auch nicht vergessen, daß es *einen* Individualismus gibt, ohne den kein Sozialismus, auch der völkische nicht, Substanz und Kraft hat? der Individualismus nämlich, der fordert, daß der Mensch für sich selbst etwas sei, daß er zu sich selbst komme? *Diesen* Individualismus muß die christliche Verkündigung fordern; denn daß der Mensch bei sich sei, heißt, daß er vor Gott steht, und wenn sie den Menschen zu sich selbst ruft, so ruft sie ihn vor Gott. ...... Kennen wir nicht mehr jenen Ruf, der uns zu uns selbst ruft: die Stimme des *Gewissen* ? Im Gewissen ist jeder einsam; und der Christ weiß, daß er in dieser Einsamkeit vor Gott steht, und daß er in dieser Einsamkeit vor Gott die Verantwortung übernimmt für Recht und Unrecht seines Tuns. ...... Wir wissen doch: Ein Volk hat gute und schlechte Sitten; und was gute Sitte eines Volkes sein kann und soll, steht immer

56

bei der Gewissensentscheidung des ein–zelnen. Auch gilt keine Majorität; und gerade, wenn der einzelne der Gemeinschaft dienen will, so muß er auch die Kraft haben, sich in seinem Gewissen unter Umständen *gegen* das Urteil aller zu stellen. ....."

(Rudolf Bultmann ; "Das verkündigte Wort", Tübingen 1984, S. 255 u. 257)

Für Kant hat das Denken etwas mit Sprache zu tun. " Denken ist Sprechen mit sich selbst" lautete die Definition in der "Anthropologie". Damit ist ausgeschlossen, daß es zu einer Wahrheitsfindung kommen kann, wenn Massen von Menschen sich zusammenrotten. Das Denken bleibt "in suspenso" , wenn eine Person, um dem Druck der eigenen Verantwortung auszuweichen, "sich gehen läßt", oder sich einfach "losläßt", wie von modernen Seelenfängern empfohlen wird.

In seiner Antwort auf die Frage: "Was ist Aufklärung?" benennt Kant denn auch als die Haupthindernisse für aufgeklärtes Denken (Selbstdenken): die Bequemlichkeit und die Feigheit. Vielleicht bezeichnen ja auch beide dasselbe, denn beiden ist gemeinsam, daß sie der Anstrengung, der Bestimmung des Willens und der Konfrontation desselben mit anderen aus dem Wege gehen. Statt den Mut aufzubringen (sapere aude), sich des eigenen Verstandes zu bedienen, plädieren sie für die Selbstaufgabe und die Delegation von Entscheidungen an andere.

Angesichts der sozialistischen Massenbewegungen des vergangenen Jahrhunderts formuliert Ortega y Gasset in der kantischen Tradition den Satz: "Der geistige Mensch, wenn er seine Aufgabe erfüllen will, muß sich wieder absondern, um Geist sein zu können."

Sehr anschaulich, bis in alle Details werden im Fernsehen die Toten der gerade angängigen Kriege vorgeführt. Ist das schon Selbstzweck oder soll sich das Entsetzen in dem Ruf nach der Bestrafung der Täter entladen?

Die Menschen, die sich so etwas "vorführen" lassen, sind aber selbst nicht mehr gewohnt, sind nicht mehr gelehrt worden, wie man mit einem Mangel zurechtkommen kann, wie man in einer Notsituation sich beschränken lernt.

Sie wissen nur von Ansprüchen und werden also noch wilder und tierischer sich verhalten als diese Täter, wenn erst einmal auch bei ihnen der Wohlstand und die scheinbare Sicherheit des alltäglichen Lebens weggebrochen sind.

Der Mensch muß, soweit er ein handelndes Wesen ist, seinen Willen nach Prinzipien bestimmen. Das ist ihm (im Gegensatz zu den Tieren) dadurch möglich, daß er mit sich selbst zu Rate gehen kann, um im Selbstgespräch, diejenigen objektiven Kriterien zu finden, die in Form des Imperativs sein Handeln leiten sollen. Der Imperativ ist laut Kant "eine Regel, die durch ein Sollen, welches die objektive Nötigung der Handlung ausdrückt, bezeichnet wird." Die sich solcherart *sprachlich* im Selbstgespräch ausweisende Handlungsfindung gibt einen Maßstab ab, dem europäisches Denken überhaupt verpflichtet war.

Nach Kant hat es unablässig Versuche gegeben, nachzuweisen, daß der Mensch gar nicht dieses frei sich bestimmende Wesen ist, für das ihn die abendländische Tradition hielt, sondern ein von Trieben beherrschtes, von Umweltbedingungen absolut konditioniertes Wesen.

Aber gerade im Eifer, die Fremdbestimmung des Menschen nachzuweisen, offenbart sich neben der nie verlassenen Orientierung am Idealbild auch das Interesse am Scheitern des Modells. "Was mir nicht gelungen ist (die Selbstbestimmung aus der Vernunft) darf auch keinem anderen gelingen," sagt der moderne Mensch. Sollte das Ressentiment, das Nietzsche zu definieren versuchte, und dem er wohl selber verfiel, nichts anderes sein als der Neid und der Haß auf jede menschliche Handlung, die auch nur eine Spur von Autonomie bei der Selbstbestimmung durch Vernunft vermuten läßt?

Klaus von Dohnanyi schreibt in der FAZ vom 14.7.1999 zum Tode von Sabine Leibholz–Bonhoeffer u.a.:

"Adolf Hitler, dieser österreichische Zufall auf preußischem Boden, dessen böse Gewalt soviel Gutes in Deutschland in so kurzer Zeit in verbrecherische Energien verwandeln konnte, wirft noch heute seinen Schatten auf diese alte, vergangene und verschüttete Zeit. So, als habe Auschwitz eine logische Wurzel in der deutschen Geschichte. Aber zu dieser Geschichte gehörten ja gerade auch die vielen jüdischen Deutschen, die dieses Land liebten und von ihm kaum lassen wollten, als seine Regierung mit Mord drohte. Gerade die Zwiespältigkeit des alten, Vor–Hitler–Deutschland, machte seine Größe, seine Kreativität und seine kulturelle Bedeutung aus. Das Vor–Hitler–Deutschland war eben ganz anders als viele simplen Vereinfacher im Nach–Hitler–Deutschland heute meinen. Karl–Friedrich Bonhoeffer (ein weiterer, älterer Bruder Sabines, nach dem das Max–Planck–Institut für physikalische Chemie in Göttingen benannt ist) schrieb noch 1931 von Frankfurt aus an seinen Bruder Dietrich in New York, er selbst habe einmal einen Ruf nach Harvard wegen des amerikanischen Rassismus abgelehnt, denn im Vergleich zu diesem sei das, was man in Deutschland an Antisemitismus spüren könne, fast ohne Bedeutung. 1931 aus der Frankfurter Universität!"

Bleibt nur die Tatsache, daß es diesen "weltfremden" Preußen einiges kostete, überhaupt

61

zu registrieren, wer und was da mit Hitler an die Macht gekommen war. Mit der gleichen Weltfremdheit nahm man auch den unsinnigen Urteilsspruch der Siegermächte, daß Preußen an allem schuld sei, einfach hin.

In seinem letzten Werk " Die Krisis der europäischen Wissenschaften und die transzendentale Phänomenologie" (1936) beruft sich Husserl ausdrücklich auf die Aufklärung: " Ihre Intention darf – auf ihren allgemeinsten Sinn hin angesehen – nie in uns absterben. Denn von neuem betone ich: wahre und echte Philosophie bzw. Wissenschaft und wahrer und echter Rationalismus sind einerlei." (Edmund Husserl, Gesammelte Schriften 8, Hamburg 1992, S. 200)

Was Aufklärung in moderner, neu- und selbstbedachter Interpretation bedeuten könnte, sagt Husserl s.o. S. 273:

"Menschlich personales Leben verläuft in Stufen der Selbstbesinnung und Selbst-verantwortung, von vereinzelten, gelegentlichen Akten dieser Form bis zur Stufe universaler Selbstbesinnung und Selbstverantwortung, und bis zur Bewußtseinserfassung der Idee der Autonomie, der Idee einer Willensentschiedenheit, sein gesamtes personales Leben zur synthetischen Einheit eines Lebens in universaler Selbstver-antwortlichkeit zu gestalten."

Welche Gegensätze tun sich da auf, wenn man sich demgegenüber die durch Jacques Derrida mit Hilfe Sigmund Freuds und Martin Heideggers unternommene Absetzung von dieser Tradition vergegenwärtigt. Was bedeutet(e) das für die je verschiedene Auseinandersetzung mit dem Nationalsozialismus? Welche Entscheidung soll (muß) hier fallen?

"An die Stelle der Bestimmung des Menschen als animal rationale tritt die als *homo faber,* der sich als arbeitendes Glied in den allgemeinen Produktionsprozeß einordnet. So ist die *vollendete Befreiung des Menschen zugleich seine Selbstaufgabe als sich bildender Persönlichkeit,* welch letztere Zielstellung als bürgerliche Ideologie entlarvt wird. Damit gewinnt die Vollendung der Befreiung des Menschen im Marxismus den Sinn einer *Befreiung vom Menschen als Individualität.* Der Mensch hat sein Wesen aus der Entfremdung erst zurückgewonnen, wenn er als einzelner eins wird mit dem >>Gattungswesen<< . Die Wahrheit des menschlichen Wesens ist der >>sozialisierte Mensch<< ."

Das was Ludwig Landgrebe (Interpret der Schriften Edmund Husserls) in seinem Buch "Philosophie der Gegenwart" (West–Berlin 1957, S. 131/32) sagt, ist auf alle Formen des Sozialismus anwendbar, insofern alle die "Befreiung vom Menschen als Individualität", wie Landgrebe sagt, zum Ziel haben, und unter gegebenen Umständen diese Befreiung auch "zwangsvollstrecken".